AF139556

Katzenfutter
Leitfaden für „Dosenöffner"

Dieses Buch widme ich
meiner lieben Mama,
die mich immer tatkräftig
bei all meinen Projekten
unterstützt und Katzen
über alles liebt.

Birgit Panzer

Katzenfutter
Leitfaden für „Dosenöffner"

Basiswissen für Samtpfoten-Besitzer
über Katzenfutter und Co.

Bibliografische Information der Deutschen Nationalbibliothek:
Die Deutsche Nationalbibliothek verzeichnet diese
Publikation in der Deutschen Nationalbibliografie;
detaillierte bibliografische Daten sind im Internet
über http://dnb.dnb.de abrufbar.

Herstellung und Verlag: BoD – Books on Demand,
Norderstedt

ISBN: 978-3-7322-3431-8

Inhaltsverzeichnis

1. Vorwort

Die Fragen, die sich viele Katzenbesitzer in Bezug auf Katzenfutter stellen sind vielfältig. Was braucht meine Katze? Ist das Futter gut, das ich füttere? Sind ausreichend Nährstoffe, Mineralien und Vitamine enthalten, damit der Bedarf der Katze gedeckt ist oder muss ich noch etwas zufüttern? Wie hoch ist eigentlich der Kohlenhydratanteil? Soll ich lieber Feucht- oder Trockenfutter füttern? Oder beides? Was bedeutet eigentlich Rohprotein, Rohfett, Rohfaser und Rohasche? Kann ich meiner Katze Milch geben und ist es gut, wenn ich Gemüse unter das Futter mische?

Aus eigener Erfahrung weiß ich, dass viele ernährungsberatenden Bücher sehr wissenschaftlich geschrieben sind und so sehr ins Detail gehen, dass man das soeben erst gekaufte Buch schnell wieder ins Regal stellt.

In diesem Buch werden die häufigsten Fragen über Katzenfutter beantwortet und die Dinge, die man über Katzenfutter wissen sollte erläutert, ohne hierbei zu sehr ins Detail zu gehen. Ziel ist es hierbei, allen Katzenbesitzern unter anderem zu ermöglichen, die Deklarationen auf den Dosen bzw. Beuteln „lesen" und das jeweilige Futter einschätzen zu können.

2. Die Katze

D ie Katze ist ein obligater Carnivor (obligater Fleischfresser).

Die Nahrung eines Fleischfressers besteht hauptsächlich aus Eiweiß und Fetten tierischer Herkunft. Auch heutzutage gibt es noch Katzen, die sich ausschließlich von Mäusen ernähren. In der Regel frisst eine solche Katze pro Tag ca. 10 bis 15 Mäuse. Eine Maus hat etwa 30 kcal und besteht aus ca. 70% Wasser, 14% Protein, 10% Fett, 2% Kohlenhydraten und Vitaminen, Mineralien, Spurenelementen und Ballaststoffen.

Da Katzen einen kurzen Verdauungstrakt haben, sollte die Nahrung hochverdaulich sein. Ihre Fähigkeit Stärke (Reis, Mais, Kartoffeln, etc.) zu verdauen, ist begrenzt. Deshalb sollten Katzen Stärke nur in aufgeschlossener Form (gekocht) und in begrenzter Menge zu sich nehmen.

Den größten Teil ihres Wasserbedarfs deckt die Katze über die Nahrung ab. Sie trinkt wenig.

Tips: Die Katze trinkt mehr, wenn der Wassernapf nicht in unmittelbarer Nähe des Fressnapfes oder der Katzentoilette steht. Um die Flüssigkeitsaufnahme der Katze zu erhöhen, kann man etwas Wasser/Brühe mit unter das Futter mischen. Katzenbrunnen steigern die Lust der Katze am Trinken, da die meisten Katzen „fließendes" Wasser bevorzugen.

3. Bedeutung Rohprotein, Rohfett, Rohfaser und Rohasche

Rohprotein ist lediglich eine andere Bezeichnung für das Eiweiß, das im Futter enthalten ist.

Proteine bestehen aus Aminosäuren und sind in jedem Organ, jedem Muskel und jeder Körperzelle vorhanden. Zellen werden ständig erneuert, weshalb ein kontinuierlicher Nachschub an Proteinen erforderlich ist. Sie dienen als Energielieferant und sind die wichtigsten Bausteine für Muskeln, Knochen, Haut und Fell einer Katze.

Katzen haben im Gegensatz zu anderen Haustieren einen höheren Proteinbedarf. Das liegt größtenteils daran, dass sie ständig Aminosäuren für die Gluconeogenese benötigen. Bei der Gluconeogenese werden zur Erhaltung des Blutzuckerspiegels Aminosäuren zu Glukose umgewandelt.

Der Bedarf einer Katze an Proteinen liegt pro Tag bei etwa 25% bis 30% (in der Trockenmasse gerechnet).

Rohfett beschreibt den Teil des Futters, der sich in Fettlösungsmitteln löst. Hierzu wird das Futter in einem sogenannten Soxhlet-Apparat für etwa 8 Stunden extrahiert. Über die Qualität der Fette sagt der Rohfettanteil jedoch nichts aus. Zu den Fetten im Einzelnen kommen wir aber später noch.

Rohfasern sind die unverdaulichen Pflanzenfasern im Futter. Je höher der Anteil an Rohfasern im Futter ist, desto höher ist auch die Kotmenge der Katze.

Um den genauen Rohfaseranteil des Futters zu ermitteln, wird das Futter mit verdünnten Säuren und Laugen behandelt, wodurch dann lediglich die unverdaulichen Bestandteile zurückbleiben. Der Hauptbestandteil von Rohfasern ist Cellulose.

Rohasche ist der anorganische Bestandteil des Futters, der übrig bleibt, nachdem das Futter auf etwa 550° verbrannt wurde. Unter anderem zählen Mineralstoffe und Spurenelemente zu den anorganischen Stoffen im Futter.

4. Kalorien-Bedarfsberechnung

Den Kalorienbedarf der Katze pro Tag auszurechnen ist ganz einfach:

Bedarf/Tag = Faktor K · kg (Gewicht der Katze)

Den Faktor K wählt man je nach körperlichem Zustand der Katze aus:

Faktor K   Zustand Katze

70 kcal   schlanke, aktive Katze
50 kcal   normale Katze
40 kcal   kastrierte Katze
35 kcal   übergewichtige Katze

Beispiel:

Eine schlanke Katze mit einem Gewicht von 4 kg hat einen Kalorienbedarf von:

70 kcal · 4 kg = **280 kcal/Tag**

5. Berechnung des Kohlenhydratanteils im Futter

Anhand der Prozentangaben von Rohprotein, Rohfett, Rohfaser, Rohasche und Feuchtigkeit kann man den Kohlenhydratanteil im Futter leicht berechnen:

100% - (%Rohprotein + %Rohfett + %Rohfaser + %Rohasche + %Feuchtigkeit) = %Kohlenhydrate

Beispiel:

Analytische Bestandteile auf einem Dosen-Feuchtfutter:

Rohprotein: 9,50 %
Rohfett: 5,10 %
Rohfaser: 0,30 %
Rohasche: 2,40 %
Feuchte: 78 %

100% - (9,50% + 5,10% + 0,30% + 2,40% + 78%) = 100% - 95,30% = **4,70% Kohlenhydrate**

Bei einem Trockenfutter, bei dem der Feuchtigkeitsgehalt nicht angegeben ist, kann man immer mit einem Wert von 8% bis 10% Feuchtigkeit rechnen.

Eine Katze kann pro kg Körpergewicht bis zu 5g Kohlenhydrate gut verwerten bzw. verdauen.

6. Berechnung der Energiedichte des Futters

Um die Energiedichte (Kalorien) des Futters zu berechnen verwendet man immer die gleichen „Faktoren":

Rohprotein: **5,65** kcal/g
Rohfett: **9,40** kcal/g
Kohlenhydrate: **4,15** kcal/g

Die genaue Berechnung erfolgt mit folgender Formel:

(%Rohprotein · 5,65) + (%Rohfett · 9,40) + (%Kohlenhydrate · 4,15) = kcal pro 100g Futter

Beispiel:

Rohprotein: 9,50 %
Rohfett: 5,10 %
Kohlenhydrate 4,70%

(9,50% · 5,65) + (5,10% · 9,40) + (4,70% · 4,15) = 53,68 + 47,94 + 19,51 = **121,13 kcal/100g Futter**

7. Vergleich Trockenfutter, Feuchtfutter und „Maus"

Auch heutzutage gibt es noch frei lebende Katzen, die sich ausschließlich von Mäusen ernähren. Eine durchschnittliche Maus wiegt etwa 20g und hat 30 kcal. So haben dementsprechend „100g Maus" etwa 150 kcal.

Um noch besser verdeutlichen zu können, was wir bei der Fütterung mit Feucht- und/oder Trockenfutter hinsichtlich der Menge falsch machen können, vergleichen wir einfach einmal die Kalorienmenge von Trockenfutter, Feuchtfutter und der Maus.

Nehmen wir ein handelsübliches Feuchtfutter der Sorte „Rind mit Gemüse" und ein handelsübliches Trockenfutter der Sorte „Lamm" und rechnen uns mit Hilfe der deklarierten Werte die Kalorienmenge pro 100g aus.

Feuchtfutter:

Rohprotein:	9,50%
Rohfett:	5,10%
Rohfaser:	0,30%
Rohasche:	2,40%
Feuchte:	78%

Trockenfutter:

Rohprotein:	32%
Rohfett:	16%
Rohfaser:	2,5%
Rohasche:	6,5%
Feuchte:	10%

Mit diesen Angaben kommen wir (lt. unserer Berechnung aus Kapitel 5) zu folgenden Kohlenhydratanteilen:

Feuchtfutter:	Trockenfutter:
4,70%	33%

Zur Erinnerung: Eine Maus hat etwa 2% Kohlen-hydrate!

Wenn wir nun mit unserer Berechnung aus Kapitel 6 die Energiedichte (Kalorien) des Feucht- und Tro-ckenfutters ausrechnen kommen wir auf folgende Ergebnisse:

Feuchtfutter:	Trockenfutter:
121,13 kcal	468,15 kcal

jeweils pro 100g Futter

Zum Vergleich:
„100g Maus" haben etwa 150 kcal !!!

Ich denke gerade in Bezug auf Trockenfutter wird nun so einiges klarer.

8. Trockenfutter

Abgesehen davon, dass man Trockenfutter nicht wirklich mit der natürlichsten Nahrung der Katze, also der Maus, vergleichen kann, gibt es mehrere Gründe, warum man mit der Fütterung von Trockenfutter vorsichtig sein sollte.

Wenn wir davon ausgehen, dass bei einer schlanken, aktiven Katze der Tagesbedarf an Kalorien mit 280 kcal gedeckt ist, dürfte sie theoretisch nach unserem vorherigen Ergebnis (100g Trockenfutter = 468,15 kcal) nicht mehr als 60g Trockenfutter pro Tag bekommen (wenn sie **ausschließlich** mit Trockenfutter gefüttert wird)!

Es gibt leider immer mehr Katzen, die ausschließlich mit Trockenfutter gefüttert werden. Da die Katze hauptsächlich Fett und Protein verbrennt, wird der Hauptanteil des Kohlenhydratüberschusses als Glykogen und Fett im Körper eingelagert. Die Folgen von Fettleibigkeit und Übergewicht sind vielfältig. Viele übergewichtige Katzen leiden heutzutage an Gelenkbeschwerden, Herzproblemen oder Diabetes mellitus.

Ein weiterer Punkt über den man sich gerade bei der Fütterung mit Trockenfutter Gedanken machen sollte ist, dass Katzen sehr schlechte Trinker sind. Trockenfutter entzieht dem Katzenkörper Wasser und da die Katze ihren Wasserbedarf fast nur über die Nahrung aufnimmt, ist eine ausschließliche Fütterung mit Trockenfutter sehr problematisch. Durch die Verringerung der Harnmenge und die Erhöhung der Urinkonzentration steigt das Risiko für die Bildung von Harnsteinen erheblich. Der Urin und somit auch schädliche Substanzen verbleiben länger in der Blase, so dass das

Risiko von Harnwegsinfektionen steigt. Auf die Dauer können die Nieren erheblich geschädigt werden. Nierenversagen ist eine der häufigsten Todesursachen bei Katzen.

Entgegen vieler Meinungen, ist Trockenfutter nicht „gut für die Zähne" bzw. um Zahnstein zu vermeiden oder zu verringern. Viele Katzen schlucken die Katzenfutterextrudate gleich im Ganzen hinunter. Beim Zerbeißen der Extrudate legt sich als negativer Effekt eine klebrige Schicht aus Trockenfutterstärkeresten auf den Zahn.

Trockenfutter sollte deshalb unseren Samtpfoten eher als Leckerlis für zwischendurch gegeben werden, zumindest keinesfalls als Alleinfutter.

9. Fette

K atzen brauchen viel Fett, vor allem viele mehrfach ungesättigte Fettsäuren. Um die Aufnahme fettlöslicher Vitamine sowie die Spaltung der Fette in Fettsäuren und Glycerin zu gewährleisten, spielt die Fettaufnahme bei der Katze eine wichtige Rolle.

Unsere Stubentiger können hohe Fettmengen (bis etwa 64% in der Trockensubstanz) gut verwerten. In der Regel hat Katzenfutter etwa 20% bis 30% Fett in der Trockensubstanz.

Mehrfach ungesättigte Fettsäuren können vom Katzenkörper nicht selbst hergestellt werden und müssen deshalb zusammen mit der Nahrung aufgenommen werden. Bei den mehrfach ungesättigten Fettsäuren unterscheidet man zwischen:

2-fach ungesättigte Fettsäure: Linolsäure
3-fach ungesättigte Fettsäure: Linolensäure
4-fach ungesättigte Fettsäure: Arachidonsäure
5-fach ungesättigte Fettsäure: Eicosapentaensäure

Anders als andere Lebewesen können Katzen aus Linolsäure (sehr wichtig für Haut und Fell) keine Arachidonsäure herstellen. Arachidonsäure ist die Ausgangssubstanz für Eicosanoide, die unter anderem für die Senkung des Blutdrucks und zur Prävention von Herz-Kreislauferkrankungen verantwortlich ist.

Natürlich kommt es sehr stark auf die Qualität und Art der Fette an. Bevorzugt sind natürlich tierische Fette.

Hochwertige Fette und Öle haben zahlreiche Funktionen für den gesamten Organismus und dienen als Energieträger. Einen Mangel an Fetten kann man ganz häufig an stumpfem, sprödem Fell und unter anderem auch an Hautallergien erkennen.

Die meisten essenziellen Fettsäuren gehören entweder zur Klasse der Omega-3-Fettsäuren oder der Omega-6-Fettsäuren. Es kommt nicht nur auf die Menge der Fettsäuren an, die die Katze zu sich nehmen soll, sondern vielmehr auf das Verhältnis zwischen den Fettsäuren. Das optimale Verhältnis von Omega-6: Omega-3 wäre 5:1.

Leider kommt es nicht selten vor, dass in den Futtermitteln mehr Fettsäuren der Omega-6-Gruppe enthalten sind, so dass ohne weiteres ein 25:1-Verhältnis entstehen kann. Daher ist es oft empfehlenswert, zweimal in der Woche etwas Fischöl, Leinöl oder Hanföl mit ins Futter zu mischen, so dass das Verhältnis wieder ausgeglichener ist.

10. Vitamine

Vitamine sind für Katzen genauso wie auch für uns Menschen lebensnotwendig, werden aber in aller Regel durch handelsübliches Futter sowie durch eigene Synthese in ausreichender Menge aufgenommen.

Vitamine spielen eine wichtige Rolle für ein gutes Immunsystem und dienen den Zellen als Schutz vor Giftstoffen. Eine Unterversorgung an Vitaminen kann zu Mangelerscheinungen führen, jedoch kann ebenso eine Überversorgung zu Krankheiten führen. Deswegen muss man mit dem Thema Vitamine vorsichtig umgehen.

Bei den Vitaminen unterscheidet man zwischen fettlöslichen und wasserlöslichen Vitaminen. Fettlösliche Vitamine können in der Leber gespeichert und je nach Bedarf abgegeben werden. Der Nachteil an **fettlöslichen** Vitaminen ist, dass bei einer Übervitaminisierung keine Ausscheidung überflüssiger Vitamine erfolgt. So kann es zu sogenannten Hypervitaminosen (Vergiftungen) kommen. Dagegen werden zu viel verabreichte **wasserlösliche** Vitamine nicht gespeichert, sondern mit dem Harn wieder ausgeschieden.

Vitamin A:

Vitamin A (Retinol) gehört zu den fettlöslichen Vitaminen. Es ist wichtig für die Haut, die Augen, die Schleimhäute und das Wachstum. Der menschliche Körper kann Beta-Carotin in Vitamin A umwandeln, die Katze jedoch nicht. Vitamin A wird deshalb dem Katzenfutter bereits bei der Herstellung zugefügt. Eine Überversorgung an Vitamin A kann unter anderem zu Skelettproblemen bzw. Knochenverformungen führen.

Vitamin D:

Vitamin D gehört zu den fettlöslichen Vitaminen. Es ist unter anderem sehr wichtig für den Kalzium- und Phosphorstoffwechsel. Durch Aufnahme von Sonnenlicht können Katzen Vitamin D in Vitamin D3 umwandeln. Wohnungskatzen, die nicht viel Sonnenlicht abbekommen kann man Vitamin D durch Leber, Fisch, Hefe, Butter und Eigelb zuführen. Jedoch kann es bei einer Überversorgung zu einer Verkalkung der Gefäßwände kommen.

Vitamin E:

Vitamin E gehört zu den fettlöslichen Vitaminen. Es ist unter anderem wichtig für die Haut, die Blutbildung, die Zellen und das Immunsystem. Auch steuert es den Kohlenhydrat- und Muskelstoffwechsel. Bei einer Überversorgung kann es zu Leberschäden kommen.

Vitamin K1:

Vitamin K1 gehört zu den fettlöslichen Vitaminen. Es ist wichtig für das Immunsystem, die Muskeln und die Blutgerinnung. Bei einer Überversorgung sind keine negativen Folgen bekannt.

Vitamin K2:

Vitamin K2 gehört zu den fettlöslichen Vitaminen. Es wird von der Katze aus Darmbakterien selbst gebildet und ist wichtig für den Stoffwechsel und die Blutgerinnung.

Vitamin B:

Vitamin B gehört zu den wasserlöslichen Vitaminen. Es ist wichtig für Haut, Fell, Stoffwechsel und Nerven. Katzen können Vitamin B selbst produzieren.

Vitamin C:

Vitamin C gehört zu den wasserlöslichen Vitaminen. Es ist wichtig für Zahnfleisch, Bindegewebe und Immunsystem. Katzen bilden Vitamin C selbst aus Glukose.

Vitamin H:

Vitamin H (Biotin) gehört zu den wasserlöslichen Vitaminen. Es ist wichtig vor allem für Haut und Fell der Katze.

Wichtig: Fettlösliche Vitamine belegen im Körper der Katze „Speicherplatz". Hat zum Beispiel Vitamin A den Speicherplatz belegt, ist kein Platz mehr für die Speicherung andere Vitamine.

11. Vitaminbedarf der Katze

Vitamine werden in Milligramm (mg) oder Internationalen Einheiten (IE) angegeben. Eine gesunde adulte (erwachsene) Katze hat folgenden Vitaminbedarf pro Tag:

Vitamin A	100 IE (0,03 mg)
Vitamin D	5 IE (0,000125 mg)
Vitamin E	2 IE (1,34 mg)
Vitamin B1	0,1 mg
Vitamin B2	0,05 mg
Vitamin B6	0,08 mg
Vitamin B12	0,0004 mg
Vitamin H	0,00002 mg

12. Mineralien
(Mengen- und Spurenelemente)

Mineralien zählen zu den anorganischen Stoffen und werden in Mengen- und Spurenelemente unterteilt. Die Katze braucht Mineralien unter anderem für ihr Wachstum, die Knochen, den Stoffwechsel, den Wasser-, Sauerstoff- und Säure-Basen-Haushalt.

Mengen- und Spurenelemente unterscheiden sich lediglich in der Häufigkeit, in der sie in natürlicher Form vorkommen bzw. in welcher Menge sie vom Katzenkörper benötigt werden. Mengenelemente kommen häufiger vor, als Spurenelemente.

1. Die wichtigsten Mengenelemente

Kalzium (Ca)

Funktion	Folgen bei einer Mangelversorgung	Folgen bei einer Überversorgung
Einfluss auf Knochen, Muskeln, Nerven und die Blutgerinnung	Skelettveränderungen, Knochenschwund, Osteoporose, Muskelkrämpfe	Harnsteine, verminderte Aufnahme von Phosphor

Phosphor (P)

Funktion	Folgen bei einer Mangelversorgung	Folgen bei einer Überversorgung
Einfluss auf Stoffwechsel, Knochenaufbau, Säure-Basen-Haushalt	Skelettveränderungen	Probleme mit dem Kalziumstoffwechsel, Harnsteine, Knochendeformationen

Magnesium (Mg)

Funktion	Folgen bei einer Mangelversorgung	Folgen bei einer Überversorgung
Einfluss auf die Enzymbildung und den Energie-stoffwechsel	Wachstumsstörungen, Krämpfe, Muskel-schwäche	Harnsteine, Durch-fall

Natrium (Na)

Funktion	Folgen bei einer Mangelversorgung	Folgen bei einer Überversorgung
Einfluss auf den Wasserhaushalt in den Zellen	Dehydrierung	Durchfall, Krämpfe

Kalium (K)

Funktion	Folgen bei einer Mangelversorgung	Folgen bei einer Überversorgung
Einfluss auf die Enzymbildung	Leistungsschwäche, zu niedriger Blut-druck, Unruhe	Hyperkaliämie, Herzrhythmusstö-rungen

2. Die wichtigsten Spurenelemente

Eisen (Fe)

Funktion	Folgen bei einer Mangelversorgung	Folgen bei einer Überversorgung
Einfluss auf den Energiestoff-wechsel, Sauer-stofftransport, Bildung von	Erschöpfung, Leis-tungsminderung, Blutarmut	Übelkeit, Erbrechen

Erythrozyten (roten Blutkörperchen)		

Zink (Zn)

Funktion	Folgen bei einer Mangelversorgung	Folgen bei einer Überversorgung
Einfluss auf Wachstum, Fruchtbarkeit, Immunsystem und Haut	Veränderungen im Hormonhaushalt, schlechte Wundheilung, Hautprobleme	Verursachung von Eisenmangel und Kupfermangel

Kupfer (Cu)

Funktion	Folgen bei einer Mangelversorgung	Folgen bei einer Überversorgung
Einfluss auf Knochenwachstum, Pigmentbildung und Bindegewebe, Blutbildung, Enzymbildung	Bindegewebsstörungen, Pigmentierungsstörungen der Haut und des Felles, Blutarmut	Ein „Zuviel" an Kupfer wird in der Leber der Katze gespeichert

Jod (I)

Funktion	Folgen bei einer Mangelversorgung	Folgen bei einer Überversorgung
Einfluss auf das Schilddrüsenhormon Thyroxin	Hormonmangel, Kropfbildung, Fruchtbarkeitsstörungen	Schilddrüsenüberfunktion

Mangan (Mn)

Funktion	Folgen bei einer Mangelversorgung	Folgen bei einer Überversorgung
Einfluss auf Knochen- und Bindegewebe, Fruchtbarkeit, Enzymbildung	Herabsetzung der Enzymaktivität, Fruchtbarkeitsstörungen	Verursachung von Eisenmangel

Selen (Se)

Funktion	Folgen bei einer Mangelversorgung	Folgen bei einer Überversorgung
Einfluss auf Immunsystem, Fruchtbarkeit	Fruchtbarkeitsstörungen, Immunschwäche, Wachstumsstörungen	Herzmuskelschwäche, Erbrechen, Haarausfall, rissige Pfoten

13. Mineralstoffbedarf der Katze

Mineralstoffe (Mengen- und Spurenelemente) werden in der Regel immer in Milligramm (mg) angegeben. Eine gesunde adulte (erwachsene) Katze hat folgenden Mineralstoffbedarf pro Tag:

Mengenelemente:

Kalzium	80 mg
Phosphor	70 mg
Magnesium	12 mg
Natrium	80 mg
Kalium	160 mg

Spurenelemente:

Eisen:	1,5 mg
Kupfer:	0,1 mg
Zink:	1,0 mg
Mangan:	0,1 mg
Jod:	0,015 mg
Selen:	0,002 mg

Wichtig: Kalzium und Phosphor müssen immer im richtigen Verhältnis zueinander stehen. Das optimale Verhältnis von Kalzium zu Phosphor sollte immer **Kalzium 1,15 : Phosphor 1** sein. Ist der Phosphorgehalt zu hoch, holt sich der Körper den zum Ausgleich benötigen Kalziumanteil aus den Knochen, was zu Skelettveränderungen führen kann.

14. Aminosäuren

Aminosäuren sind die Bausteine der Proteine und einige davon für die Katze lebensnotwendig.

Zu diesen lebensnotwendigen Aminosäuren gehören Arginin, Methionin, Taurin, Histidin, Isoleuzin, Lausin, Lysin, Phenylalanin, Threonin und Valin.

Die meisten Aminosäuren kann der Katzenorganismus in der Leber selbst herstellen.

Taurin, Arginin und Methionin kann die Katze nicht bzw. nur sehr gering selber synthetisieren, wobei Arginin und Methionin in der Regel ausreichend über das Futter aufgenommen werden.

Taurin:

Die Maus ist das Beutetier für die Katze mit dem höchsten Gehalt an Taurin. Taurin ist für die Katze essentiell für den gesamten Stoffwechsel. Sie benötigt es zur Bildung von Gallensalzen.

Der Katzenkörper kann Taurin nur minimal selbst herstellen. Deswegen muss nahezu der gesamte Bedarf über die Nahrung aufgenommen werden. Taurin ist zwar fast in jedem handelsüblichen Katzenfutter zugesetzt, jedoch leider oft nicht in ausreichender Menge.

Ein Taurinmangel kann auf Dauer unter anderem zur Erblindung, zu Herzerkrankungen und vielen anderen gesundheitlichen Störungen führen.

Richtwerte:

Der Tagesbedarf an Taurin einer erwachsenen Katze liegt bei etwa 25mg bis 50 mg pro KG Körpergewicht, das heißt eine 5 kg schwere Katze benötigt pro Tag etwa 125mg bis 250 mg Taurin.

15. Gras

D die meisten Katzen lieben es, an Grashalmen genüsslich herumzuknabbern bzw. Gras zu fressen.

Durch die regelmäßige Fellreinigung schlucken unsere Samtpfoten ziemlich viele Haare. Kleinere Mengen Haare werden über den Darm ausgeschieden, wobei größere Haarballen herausgewürgt werden. Durch das Fressen von Gras wird das Herauswürgen unverdaulicher Haarballen erleichtert.

Ein weiterer Grund, warum Katzen Gras fressen, ist die im Gras enthaltende Folsäure. Frei lebende Katzen nehmen Folsäure durch den Mageninhalt ihrer Beutetiere auf.

Folsäure ist unter anderem wichtig für die Produktion von Hämoglobin, also für die Blutbildung.

Wohnungskatzen sollte daher regelmäßig Gras zum Knabbern zur Verfügung gestellt werden.

16. Milch

Sobald kleine Kätzchen von der Katzenmama entwöhnt sind, sollten die Katzen keine Milch mehr zu sich nehmen.

Milch enthält Laktose. Kleine Kätzchen, die noch gesäugt werden, sind in der Lage das Enzym Laktase zu produzieren, wodurch die Laktose in der Milch abgebaut bzw. verdaut werden kann. Nach der Entwöhnung stellt der Katzenkörper die Produktion von Laktase ein und die Laktose kann nicht mehr verdaut werden. Dadurch kann es zu schwerem Durchfall, Verdauungsstörungen und Darmerkrankungen kommen.

Bei Bauernhofkatzen, die auch nach der Entwöhnung von der Mutter jeden Tag ihr Schälchen Kuhmilch bekommen, wird auch weiterhin das Enzym Laktase produziert. Dadurch kann die Laktose weiterhin einigermaßen gut verdaut werden. Diese „Ernährung" ist jedoch keinesfalls empfehlenswert.

Die handelsübliche „Katzenmilch" ist leider auch alles andere als empfehlenswert, da Konservierungsstoffe, pflanzliche Nebenprodukte sowie Zucker enthalten sind. Wer seiner Katze ab und zu etwas Milch zum Schlecken geben will, kann einfach die im Supermarkt erhältliche laktosefreie Milch kaufen.

<u>Wichtig:</u> Milch ist nicht gleichzusetzen mit einem „Getränk für die Katze" wie Wasser, sondern zählt als Nahrungsmittel!

17. Gemüse

Kann ich etwas Gemüse mit ins Feuchtfutter mischen? Diese Frage stellen sich viele Katzenbesitzer.

Katzen sind Fleischfresser und wildlebende Katzen nehmen Gemüse bzw. Pflanzenanteile lediglich durch den Mageninhalt ihrer Beutetiere auf. Sofern der Gemüse- bzw. pflanzliche Anteil im Futter 5% nicht übersteigt, ist diese Art der Ballaststoffzufuhr in Ordnung. Hierfür sind unter anderem Karotten, Zucchini oder Kürbis am ehesten geeignet. Jedoch sollte der Gemüseanteil in gekochter Form untergemischt werden.

Auf die Frage, ob Katzen auch komplett vegetarisch ernährt werden können, lautet die Antwort: NEIN AUF KEINEN FALL!!!

18. Zucker

Zucker hat in Katzenfutter nichts zu suchen.

Einige Futtermittelhersteller setzen Zucker in Form von Karamell ein, um die Farbe des Futters appetitlicher zu machen und um so die Katzenbesitzer zum Kauf anzuregen. Das zuckerfreie Futter besitzt häufig eine graue Farbe. Der Katze jedoch ist die Farbe des Futters völlig egal.

Zudem können Katzen „süß" nicht schmecken, da sie keine süßen Geschmacksknospen besitzen. Also Finger weg von Zucker oder Karamell enthaltendem Katzenfutter.

19. Futtermitteldeklarationen
lesen und verstehen

Um in Zukunft noch besser entscheiden zu können, auf welches Feucht- bzw. Trockenfutter unsere Wahl fällt, beschäftigen wir uns nun noch genauer mit der Futtermitteldeklaration, also sozusagen mit allen Angaben, die auf der Katzenfutterdose bzw. dem Trockenfutterbeutel zu finden sind.

Was ist in der Regel angegeben:

- Die Angabe, ob es sich um ein Alleinfuttermittel handelt oder nicht
- Bezeichnung bzw. „Sorte" des Futters
- Nettogewicht
- Zusammensetzung der verwendeten Rohstoffe
- Zusatzstoffe
- Prozentanalyse von Rohprotein, Rohfett, Rohfaser und Rohasche
- Mindesthaltbarkeitsdatum und Chargennummer
- Fütterungsempfehlungen
- Kontaktdaten des Herstellers

Erklärung Alleinfuttermittel:

Als Alleinfuttermittel bezeichnet man ein ausgewogenes Futter, dem keine ergänzenden Zusätze hinzugefügt werden müssen. Ist ein Katzenfutter als „Alleinfutter" gekennzeichnet, sollten alle von der Katze benötigten Mineralstoffe, Vitamine und auch Taurin enthalten sein.

Erklärung Ergänzungsfuttermittel:

Einem Ergänzungsfuttermittel müssen bestimmte Zusätze, die in dem Futter fehlen, hinzugefügt werden, damit die Katze wirklich alles bekommt, was sie braucht (evtl. Mineralstoffe, Vitamine, Taurin…). Füttert man Ergänzungsfutter nur zwischendurch, ohne dass man Zusätze hinzufügt, sollte der Anteil 20% nicht übersteigen.

Bei der Deklaration unterscheidet man zwischen der geschlossenen und der offenen Deklaration:

Geschlossene Deklaration:

Die Zusammensetzung des Futters wird nach Futtermittelgruppen aufgeschlüsselt, das heißt nach Art der Zutat zusammengefasst. Da Oberbegriffe wie zum Beispiel Fleisch oder Getreide verwendet werden, ist nicht genau ersichtlich, was sich genau dahinter verbirgt.

Offene Deklaration:

Die einzelnen Futterkomponenten bzw. Zutaten werden in der Reihenfolge ihrer relativen Menge angegeben. Man erfährt bei der offenen Deklaration etwas genauer, was in welcher Menge im Futter enthalten ist. Achtung: Ein Trick des Herstellers kann sein, dass er den Anteil des Getreideinhaltes aufsplittet in mehrere Komponenten, so dass Fleisch prozentual zwar an erster Stelle steht, jedoch mehr Getreide als Fleisch enthalten ist (z.B. Mais, Maiskleber, Weizenfutter-

mehl, Weizen). Hier sollte man etwas genauer hin-
schauen.

Hier ein paar Beispiele, wie „Fleisch" deklariert sein
kann:

1. „Fleisch und tierische Nebenerzeugnisse"

Da bei dieser Deklaration keinerlei Prozentangaben
gemacht werden, kann man nur raten, wie hoch der
Fleischanteil und der Anteil an tierischen Nebener-
zeugnissen wirklich ist.

2. „100% **aus** frischem Fleisch"

Diese Deklaration bedeutet nicht, dass 100% Fleisch
enthalten sind, sondern lediglich, dass der Anteil an
Fleisch (den wir nicht erfahren) aus frischem Fleisch
ist. Dies können auch 4% sein.

3. „60% Fleisch und tierische Nebenerzeugnisse
   (mind. 20% Rind)"

Die Prozentangabe 60% kann sich auf das Fleisch
und/oder auf die tierischen Nebenerzeugnisse bezie-
hen. 20% Rind sagen aus, dass der Anteil (von den
60%) an Rind 20% ist.

4. „70% Fleisch und tierische Nebenerzeugnisse
   (davon 65% Rindfleisch und 5% Leber)

Hier ist eindeutig zu erkennen, dass 65% Rindfleisch
und 5% Leber (tierische Nebenerzeugnisse) enthalten
sind.

Achtung:

Oft zu Verwechslungen und zu Verwirrung führen auch die Begriffe Hühnerfleisch (Geflügelfleisch), Hühnerfleischmehl (Geflügelfleischmehl) und Hühnermehl (Geflügelmehl).

Frisches Fleisch vom Huhn sozusagen in der **Originalsubstanz** wird als Hühnerfleisch (Geflügelfleisch) deklariert. Hühnerfleischmehl (Geflügelfleischmehl) dagegen beschreibt frisches Hühnerfleisch nach dem Trocknen, also in der **Trockensubstanz**. So ist bezüglich der Menge vergleichsweise 80% Hühnerfleisch dasselbe wie 20% Hühnerfleischmehl. Hühnermehl (Geflügelmehl) dagegen sind getrocknete Geflügelschlachtnebenprodukte.

An den Angaben über die Zusammensetzung kann man an der Reihenfolge erkennen, welche Zutat mengenmäßig am meisten bzw. am wenigsten enthalten ist, da die Zutaten absteigend je nach Menge angegeben werden müssen. Deswegen findet man Mineralstoffe meist am Schluss der Aufzählung, da sie nur in sehr geringen Mengen enthalten sind.

Als Übungsbeispiel nehmen wir nun ein Katzenfeuchtfutter der Sorte „Rind und Ente" mit den folgenden Angaben:

Zusammensetzung:

Rind 50% (bestehend aus Muskelfleisch, Herzen, Lungen und Lebern), Trinkwasser 24,15%, Ente 20% (bestehend aus Herzen und Lebern), Cranberries 3%,

Aloe Vera 2%, Rosmarin 0,5%, Rapsöl 0,2%, Taurin 0,15%

Analytische Bestandteile:

Rohprotein 11,1%, Rohfett 6,4%, Rohasche 1,9%, Rohfaser 0,3%, Feuchte 80%

Ernährungsphysiologische Zusatzstoffe je kg:

Vitamin A 3.000 IE, Vitamin D3 200 IE, Vitamin E 30 mg, Zink 15 mg, Mangan 3mg, Jod 0,75 mg, Selen 0,03 mg

Was können wir mit diesen Angaben berechnen bzw. daraus „lesen"?

- Bei der Kohlenhydratberechnung kommen wir auf 0,3% Kohlenhydrate
- Bei der Kalorienberechnung kommen wir auf 124,13 kcal/100g Futter
- Die Zusammensetzung sagt aus, dass das Futter zu 70% aus Fleisch besteht, woraus sich schließen lässt, dass das Futter qualitativ gut ist. (Vergleichsweise würde uns eine Deklaration „Fleisch und tierische Nebenerzeugnisse (93% Rind)" sagen, dass das enthaltene Fleisch, wovon wir den prozentualen Anteil nicht wissen zu 93% aus Rind besteht. Das könnte genauso gut heißen, dass nur 10%

Fleisch enthalten sind, wovon 93% aus Rind bestehen!)

- Cranberries wird nachgesagt, sie würden sich positiv in Bezug auf die Bildung von Harnsteinen auswirken, was jedoch nicht nachgewiesen ist
- Aloe Vera macht sich sicherlich ganz gut in der Deklaration, halte ich jedoch für überflüssig
- Rosmarin werden unter anderen positive Eigenschaften in Bezug auf Magen-Darm-Erkrankungen, Reinigung von Nieren und Leber oder auch zur Stärkung des Herzens nachgesagt
- Rapsöl hat einen hohen Gehalt an mehrfach ungesättigen Fettsäuren und zudem ein günstiges Omega-6- zu Omega-3-Verhältnis
- Taurin ist mit 0,15% deklariert, das heißt mit 1500 mg/kg enthalten. Frisst eine Katze 200g von diesem Futter pro Tag, so wird sie mit 300 mg Taurin versorgt, was absolut ausreichend ist.

20. Erklärung Inhaltsstoffe

U m einige Futtermitteldeklarationen in Zukunft besser „lesen" und verstehen zu können bzw. verständlicher zu machen, was wirklich drin steckt im Futter, kann die folgende Zusammenstellung der häufigsten Inhaltsstoffe sehr hilfreich sein:

Antioxidantien:	Konservierungsmittel, verhindern das „Ranzig-werden" von Fetten im Futter (natürliche Anti-oxidantien: Vitamin C und E)
Amaranth:	Lebensmittelfarbstoff (E123)
Amarant:	Pseudogetreide, gluten-frei, hoher Mineralstoff- und Eisengehalt
Aspergillus:	Schimmelpilz, dient als Konservierungsmittel und ist in kultivierter Form ungiftig
Ascorbinsäure:	Vitamin C (synthetisch hergestellt)
Ascorbyl Palmitat:	Fettlösliche Form von Vitamin C
Aspartam	Zuckerersatzstoff
Bäckereierzeugnisse:	Brot, Nudeln (manchmal auch Hinweis auf ver-steckten Zucker)
Butylhydroxyanisol (BHA) und	Konservierungsmittel

Butylhydroxytoluol (BHT):	
Bierhefe:	Reich an Vitamin B (Nebenprodukt der Bierherstellung)
Blutmehl:	Getrocknetes, gemahlenes Blut
Braureis:	Neben- bzw. Abfallprodukt der Reisherstellung
Brauner Reis:	Natur- oder Vollkornreis (unpolierter Reis)
Calciumcarbonat	Kalk (kommt u.a. in Knochen und Eierschalen vor
Calciumpanthothenat	Vitamin B5 (Panthothensäure)
Calciumsorbat	Konservierungsmittel E 203
Calciferol	Vitamin D
Carrageen:	Gelier- und Verdickungsmittel (E407)
Casein	In Kuhmilch vorkommendes (allergieauslösendes) Protein
Cellulose:	Unverdauliche Zellwandbestandteile, Abfälle der Getreideherstellung (Getreidehülsen, Nussschalen)
Cerealien:	Abfall aus der Müsliherstellung
Chondroitin:	Schlecht verdauliches

	Stoffwechselprodukt des Glucosamins
Cobalamin	Vitamin B12
Digest:	Chemisch vorverdaute Nahrung (Flüssigkeit von tierischen Geweben)
DL-Methionin/ DL-Lysin:	Chemisch hergestellte Aminosäuren
EG-/EWG-/EU-Zusatzstoffe:	Künstliche Konservierungsmittel
Eier und Eiererzeugnisse:	Abfallprodukte aus der Eierverarbeitung
Eiweißextrakte:	Eiweißquelle (minderwertig)
Erbsenkleie:	Nebenerzeugnis aus der Herstellung aus Erbsen (Erbsenschalen)
Erythrosin:	Künstlicher Farbstoff (E127)
Ethoxyquin:	Konservierungsmittel (E324) (in Lebensmitteln verboten)
Fischmehl:	Fischfleisch getrocknet, Fischnebenerzeugnisse getrocknet
Fischnebenerzeugnisse:	Innereien, Gräten, Fischaugen, Fischköpfe usw.

Fleisch und tierische Nebenerzeugnisse:	Wenn nicht näher beschrieben **können** sämtliche Teile von Tierkörpern verarbeitet worden sein (u.a. Blut, Federn, Krallen, Urin, Hufe) (Nebenerzeugnisse sind alle Produkte, die nicht für den menschlichen Verzehr geeignet sind)
Fleischhydrolysat	Rohes hydrolisiertes Fleisch (mechanisch vorverdautes bzw. vorbehandeltes Fleisch; soll die Verdauung fördern sowie die Akzeptanz)
Fructo Oligosaccharide (FOS):	Ketten aus Fructosemolekülen, wirken sich positiv auf die Darmflora aus, fördern die Verdauung, mindern den Kotgeruch
Geflügelmehl:	Getrocknete Geflügelschlachtnebenprodukte (KEIN Fleisch)
Geflügelfleischmehl:	Geflügelfleisch nach dem Trocknen
Geflügelprotein:	Eine Mischung aus Geflügelschlachtnebenprodukten
Gelatine	Natürliches Verdickungsmitteln (hauptsächlich vom Schwein)

Glucosaminhydrochlorid:	Aus Schalentieren gewonnene Substanz, gut für Gelenke und Knorpel
Gluten:	Kleber oder Klebereiweiß, Stoffgemisch aus Proteinen, das im Samen einiger Arten von Getreiden vorkommt
Grieben:	Fettabfallprodukte
Guar:	Pflanzenfaserstoff (verringert das Hungergefühl durch Aufquellen im Magen)
Inulin:	Präbiotischer Ballaststoff
Johannisbrotkernmehl	Verdickungsmittel, Zusatzstoff E 410
Kaliumsorbat:	Konservierungsmittel E 202
Kleber/Kleiber:	Abfallprodukt bei der Mehlerzeugung
Kleie:	Rückstand aus der Getreideverarbeitung
L-Carnitin	Natürlich vorkommende, chemische Verbindung (wird aus Lysin und Methionin hergestellt)
Maisgluten/Maiskleber:	Nebenprodukt aus der Maisstärkegewinnung
Melasse:	Nebenprodukt bei der Zuckerherstellung
Molkereierzeugnisse:	Milchpulver, Molke, Käse usw.

Natriumchlorid:	Kochsalz
Schälkleie	Abfallprodukt bei der Getreideverarbeitung
Soja	Schwer verdaulich, aller-gieauslösend
Zuckerrübentrocken-schnitzel	Abfallprodukt bei der Zuckergewinnung